LESLEY ANNE IVORY

# Weihnachts-Katzen

Ins Deutsche übertragen
von Siegfried Schmitz

ars edition

# EINLEITUNG

Glücklich die Weihnachtsfeste, die wir gemeinsam mit Katzen begehen! Für mich gibt es keinen Zweifel, daß Katzen das Fest bewußt erleben. Sie sind ja empfänglich für Stimmungen und lassen sich anstecken von der heiteren Betriebsamkeit der Menschenfamilie während der Weihnachtsvorbereitungen. Sie spüren und genießen die wohlwollend-freundliche Atmosphäre, die in dieser festlichen Zeit herrscht. Sie lieben das verheißungsvolle Rascheln des Geschenkpapiers, die hübschen Bänder und die köstlichen Düfte, die aus der Küche kommen, und sie bestaunen den glitzernden Christbaumschmuck des harzig riechenden Baums im Schein des Kaminfeuers.

Meine Katzen freuen sich wirklich auf Weihnachten, und ich habe beobachtet, wie sie dann besinnlicher als sonst am Fenster sitzen und hinausschauen, als ob sie auf etwas warteten. Wer mit Katzen Weihnachten feiert, fühlt sich doppelt beglückt, und diese beiderseitige Festesfreude habe ich in meinen Bildern einzufangen versucht.

*Lesley Anne Ivory*

LESLEY

# GEMMA UND DIE ROSA ZUCKERMAUS

Es war in der Heiligen Nacht,
Als sich im ganzen Haus
Kein Lebewesen regte,
Nicht einmal eine Maus.

*Clement Clarke Moore,*
*»Besuch vom Nikolaus«*

Gemma, meine silbern überhauchte Tigerkatze mit dem weißen Brustlatz, hat eigentlich für ganz andere Mäuse eine Schwäche als für solche aus Zucker, aber es ist Weihnachten, und sie findet es ganz aufregend, daß eine Maus aus der Zierleiste auf geheimnisvolle Weise zu ihren Füßen gelandet ist – eines jener Wunder, wie sie nur an Weihnachten geschehen.

eetings
Happy Christmas
LESLEY

# MANUEL IN DER ROTKEHLCHEN-WEIHNACHTSTÜTE

Den Rotkehlchen gefällt es offensichtlich in der Gesellschaft und den Behausungen der Menschen. (...) Eines kehrte drei Winter lang durch eine zerbrochene Fensterscheibe regelmäßig bei uns ein. Es wurde so zutraulich, daß es sich uns auf die Finger setzte und Krumen aus der Hand aufpickte. Anfangs hatte es große Angst vor unserer Katze, doch nach einer Weile nahm es kaum noch Notiz von ihr, wenn es auch stets darauf bedacht war, ihr aus dem Wege zu gehen.

*John Clare, »Das Rotkehlchen«*

Manuel, Agneathas Sohn, liebt Rotkehlchen zu jeder Jahreszeit, und er hat jenen unschuldsvollen Blick, der uns die Gewißheit gibt, daß die kleinen Weihnachtsrotkehlchen nic und nimmer in seinem Mäulchen verschwinden werden.

LESLEY

# BLOSSOM UNTERM MISTELZWEIG

Ich saß da unterm Mistelzweige
(Dem zauberischen Mistelzweige),
Die letzte Kerze ging zur Neige;
Die müden Tänzer waren fort,
Nur noch die Kerze brannte dort,
Und Schatten mich ringsum beschlich –
Da kam jemand und küßte mich.

*Walter de la Mare, »Der Mistelzweig«*

Erwartungsvoll sitzt Blossom unter dem Mistelzweig, der von einem aus meinem Elternhaus stammenden Leuchter herabhängt. Sie hat die vereiste Fensterscheibe in der Mitte blankgehaucht, damit sie ihren Freund gegenüber sehen kann. Blossom hat einen ausgefallenen Geschmack – sie liebt zum Beispiel Knoblauch –, aber Weihnachten ist für sie die schönste Zeit des Jahres, denn sie schwärmt auch für Fleischpasteten.

LESLEY

# OCTOPUSSY ZWISCHEN CHRISTBAUMSCHMUCK

Die munt're Schar da draußen singt
Ihr Weihnachtslied zu früher Stund,
Doch die schlichte Weise klingt,
Als käme sie aus Engelsmund.
Das Haus umtost ein Wintersturm;
Darein ertönt der Glockenklang
Von dem nahen Dorfkirchturm
Und mischt sich in den frohen Sang.

*John Clare, »Dezember«*

Octopussy stöbert interessiert in meinem Christbaumschmuck, der zum Teil älter als fünfzig Jahre ist. Dem zerbrechlichen Horn aus grünem Glas kann man immer noch Töne entlocken. Octopussy feiert dieses Jahr sein achtes Weihnachtsfest mit mir – wie es sich für eine Katze gehört, die als achtes Kätzchen am achten Tag des achten Monats geboren wurde.

LESLEY

# AGNEATHA UND DER APFEL

Als sie genug hatten vom Blindekuhspiel und sich beim Herausfischen der Rosinen aus dem heißen Branntwein die Finger hinlänglich verbrannt hatten, setzten sie sich am mächtig lodernden Holzfeuer zu einem gehaltvollen Abendessen und einer gewaltigen Punschschale nieder, die kaum kleiner war als ein normaler Waschkessel und in der die Bratäpfel so köstlich zischten und brodelten, daß man nicht widerstehen konnte. »Das«, sagte Mr. Pickwick und blickte in die Runde, »ja, das nenne ich Gemütlichkeit.«

*Charles Dickens, »Die Pickwickier«*

Am Heiligabend meditiert Agneatha heiteren Sinns über das Weihnachtsfest, eingestimmt auf ihre eigene weihnachtliche Wellenlänge. Ich habe die Tapete, die sie umrahmt, in Anklang an eines meiner liebsten Weihnachtslieder, »Die Stechpalme und der Efeu«, gestaltet und in das Blattwerk kleine Rotkehlchen eingefügt.

# MAU-MAU UND DIE WEIHNACHTSKARTE

Weihnachten und alles, was damit zusammenhängt, bedeuten mir viel. (...) Ich liebe die Stechpalmengehänge an den Wänden und Fenstern, den Tanz unter dem Mistelzweig, die Riesenwurst, die großen Lendenstücke, den gewaltigen kugelförmigen Plumpudding, ein getreues Abbild des an den Polen abgeplatteten Erdballs, die unerschöpfliche Punschschüssel, den Trubel und die Fröhlichkeit in dem alten Saal, wenn der Gutsherr mit seinem Haushalt und den Nachbarn einträchtig beisammensitzt.

*Thomas Love Peacock, »Gryll Grange«*

Mau-Mau hat gehört, wie der Briefträger noch mehr Weihnachtspost eingeworfen hat. Weihnachtskarten haben sie schon immer fasziniert. Sie ist überzeugt, daß diese Karte mit der kleinen blauen Katze für sie bestimmt war. Das Fenster befindet sich in einem Nachbarhaus, und als ich es für dieses Bild zeichnete, saß ich auf der Treppe, eingezwängt zwischen zwei neugierigen Kindern, dem Hund und drei Katzen.

LESLEY

# SPIROS WEIHNACHTSSTRUMPF

Sehr lebhaft erinnere ich mich an den Morgen des letzten Weihnachtstages, den ich im gemeinsamen Kinderzimmer verbrachte. Ich erwachte zu ungewöhnlich früher Stunde und rüttelte Colin aus seinem tiefen Schlaf, damit er die Aufregung beim ersten vorsichtigen Betasten der schwergewichtigen ausgebauchten Strümpfe miterleben konnte, bevor wir unter tollkühnen Mutmaßungen die raschelnden Päckchen hervorholten und so lange an den verknoteten Schnüren und knisternden Papierhüllen herumzerrten, bis sich das Einwickelmaterial in unseren Bettchen hoch auftürmte.

*Cynthia Asquith, »Glückliche Erinnerungen«*

Es ist Heiligabend, und Spiro hat sich auf einem Weihnachtsstrumpf niedergelassen. Er schnurrt ein privates Weihnachtslied vor sich hin und träumt davon, am Weihnachtstag beim Aufwachen den Strumpf prall gefüllt mit frischen rosa Krabben, seiner Lieblingsspeise, vorzufinden. Der indisch gemusterte Teppich stammt aus meinem Elternhaus, in dem ich geboren bin. Seine Farben passen zu Spiros seidenweichem, honigfarbenem Fell.

LESLEY

# RUSKIN AM FENSTER IN DER WEIHNACHTSNACHT

Mein edler Freund, ich bitte sehr:
Komm doch her,
Sitz neben mir und schau mich dann
Mit deinen lieben Augen an,
Mit Augen voller Glanz und Gold;
Dein Blick, er ist so treu und hold.

*Algernon Swinburne, »An eine Katze«*

Die festlich angestrahlte alte Kirche von Hitchin in Hertfordshire und deren Christbäume bilden den glanzvollen Hintergrund für Ruskins weihnachtliches Porträt. Wahrscheinlich glaubt er, Schlittenglocken am samtdunklen Himmel zu hören. Er ist ein höchst gemütvoller und besinnlicher Kater, und Weihnachten regt seine kätzische Phantasie an – oder sind es die Düfte des Festmahls aus der Küche, die derart seine Aufmerksamkeit fesseln?

## CHRISTIE HÄLT AUSSCHAU NACH DEM WEIHNACHTSMANN

Seid fröhlich allzumal,
Seid fröhlich allzumal!
Mit Stechpalmenzweigen schmückt den Saal,
Begrüßt mit Sang und Tanz und Mahl
Das frohe Weihnachtsfest!

*William Robert Spencer*

Voller Staunen und Vorfreude blickt Christie, die Katze unseres Sohnes Julian, durch das Fenster seines Landhauses zum verschneiten Weihnachtshimmel empor. Selbst ein kleines Kätzchen begreift, was für eine aufregende und besondere Zeit dies für alle ist. Wenig später, als Julian aus dem Hause war, lieferte sich Christie mit ihren beiden Geschwisterchen eine festlich ausgelassene Balgerei in den Spitzen des Vorhangs.

LESLEY

# HARRY UND SHEENA UND DIE WEIHNACHTSGESCHENKE

Für die meisten von uns gab es einmal eine Zeit, in der das Weihnachtsfest, das unsere eng umgrenzte Welt wie ein Zauberring umschloß, keine Wünsche und Sehnsüchte mehr offenließ; in der unsere Freude, Zuneigung und Hoffnung die ganze Familie vereinten; in der alles um den festlichen Kamin versammelt war und das kleine Bild, das in unseren strahlenden Kinderaugen aufleuchtete, vollkommen erschien.

*Charles Dickens, »Wie Weihnachten war«*

James' Kätzchen Harry und Sheena müssen alles erkunden – selbst die Weihnachtsgeschenke. Sie untersuchen alle Päckchen, beschnuppern und stupsen sie, um festzustellen, ob sie sich bewegen, und fragen sich, welche wohl für sie bestimmt sind. Unsere Katzen bekommen stets Geschenke, kleine Döschen mit Lachs oder mit Kräutern ausgestopfte Spielsachen. Sie haben ebenfalls Geschenke für uns – unverpackt und nicht immer erwünscht, etwa stibitzte Dinge oder kleine erbeutete Tiere –, die sie uns vor die Türschwelle legen.

LESLEY

# SHEENA UND DIE LAMPIONS

Wände und Decke waren mit frischem Grün so behangen, daß das Zimmer ganz einem Hain glich, in dem überall herrlich leuchtende Beeren schimmerten. Das glänzenden Blätter der Stechpalme, der Mistel und des Efeus warfen das Licht zurück, als ob hier ebensoviele kleine Spiegel versteckt wären.

*Charles Dickens, »Ein Weihnachtslied«*

Die Christbaum-Lampions kaufte mir mein Vater, als ich fünf war. Seitdem schmücken sie alljährlich unseren Baum. In diesem Jahr fällt ihr Schein auf Sheena, die ihr erstes Weihnachtsfest begeht. Solche chinesischen Lampionblumen wuchsen schon bei meinem Großvater im Garten, und vor vielen Jahren arrangierte meine Großmutter sie zur Weihnachtszeit in genau der Vase, die nun hinter Sheena steht.

# AGNEATHA UND IHRE CHRISTBAUMKUGEL

Sie zündete ein neues Schwefelhölzchen an, und plötzlich saß sie unter dem herrlichsten Weihnachtsbaum. Tausende von Kerzen erhellten die grünen Zweige, und bunte Kugeln in fröhlichen Farben, so wie jene in den Schaufenstern, blickten auf sie herab. Die vielen Lichter auf dem Christbaum stiegen höher und höher in die Lüfte, und sie sah, daß sie sich mit einemmal in leuchtende Sterne verwandelt hatten.

*Hans Christian Andersen,*
*»Das Mädchen mit den Schwefelhölzern«*

Agneatha wendet ihren Rücken den Straßen von St. Albans zu, die im weihnachtlichen Lichterschmuck erstrahlen. Sie richtet ihren Blick ins warme Wohnzimmer und beobachtet ihre Familie, wie sie Weihnachten feiert. Eine Christbaumkugel ist mit ihrem Porträt geschmückt, worauf sie sehr stolz ist. Die Kugel und Agneathas Schönheit haben mich zu diesem Weihnachtsbild angeregt.

LESLEY

# OCTOPUSSY UND SEIN CHRISTBAUMSCHMUCK

Der Saal war voller Kinder, und dort, auf der Estrade, stand in einsamer Pracht der große Baum, an dem Hunderte von Kerzen funkelten und Hunderte von bunten Glaskugeln glitzerten … Eine flitterverzierte Puppe, eine Feenkönigin mit einem Diadem im Haar, krönte seine Spitze. Spielzeug war auf dem Tisch aufgehäuft; ein Korb voll Orangen und ein Korb voller rosiger Äpfel standen mit einladend aufgeklappten Deckeln zu beiden Seiten des Baums.

*Victoria Sackville-West, »Die Edwardianer«*

Wie seine Mutter Agneatha erhielt auch Octopussy eine Christbaumkugel mit seinem Bildnis, und die kleine Spanschachtel neben ihm ist die Ergänzung dazu. Am liebsten würde er Jagd auf die Kugel machen, aber er darf sie nur anschauen und sein Abbild bewundern und den Widerschein des Kaminfeuers in den kleinen Sternen betrachten.

LESLEY

## MOTLEY UND DER WEIHNACHTSPUDDING

An einem Ende des Saals war eine Gruppe junger Leute, einige fast schon erwachsen, andere noch im zarteren Kindesalter, vollauf mit einem lustigen Spiel beschäftigt; und auf dem Boden lagen verstreut Holzpferdchen, Kindertrompeten und zerfetzte Puppen und verrieten die frühere Anwesenheit kleiner Elfenwesen, die, nachdem sie sich einen glücklichen Tag lang ergötzt hatten, zu Bett gebracht worden waren, um eine friedliche Nacht zu durchschlummern.

*Washington Irving, »Weihnachten«*

Nachdem die Geschenke ausgepackt sind und die bunten Papiere und Schleifen überall verstreut herumliegen, hat Motley es sich mitten in diesem Durcheinander gemütlich gemacht. Ihr ist ganz weihnachtlich zumute, während sie ihren Festschmaus verdaut. Der gelungene Abschluß eines glücklichen Weihnachtstages.

LESLEY

Ins Deutsche übertragen von Siegfried Schmitz.
Englische Originalausgabe mit dem Titel
»Lesley Anne Ivory's CHRISTMAS CATS«
bei PAVILON BOOKS LIMITED, London 1991.

Produced, edited and designed by Russell Ash
and Bernard Higton
ISBN 3-7607-8247-7 · Printed in Singapore